Peter J. Heuser

Geflüsterte Stille

für Sophia

Peter J. Heuser

geb. 1940 in Bremen, gest. 2023 in Aachen
lebte in Köln, Düsseldorf, Frankfurt/M., Kerkrade/NL und Aachen
schrieb Prosa und Lyrik
Veröffentlichungen in Zeitungen, Magazinen und Rundfunk
Fünf Gedichtbände, siehe ab Seite 116.

Peter J. Heuser

Geflüsterte
Stille

Gedichte

Bibliografische Information der Deutschen Nationalbibliothek

Die Deutsche Nationalbibliothek verzeichnet diese Publikation
in der Deutschen Nationalbibliografie; detaillierte bibliografische
Daten sind im Internet über http://dnb.d-nb.de abrufbar.

1. Auflage, November 2023

Umschlaggestaltung: Ralf Wolf
Layout & Satz: www.autorenservice.net

Herstellung und Verlag:
BoD – Books on Demand, Norderstedt

ISBN 978-3-758316-58-6

Inhalt

1

Wenn der Morgen
seine Flügel ausbreitet

Schau wie nach langer Sternennacht

das Licht erwacht

der Morgen seine Flügel ausbreitet

uns in die weite Landschaft hinausträgt

wir lassen uns von der milden Sonne umarmen

bald werden wieder Rosen duften

Insekten schwirren Vögel zwitschern

Die Tage kühl

der Wald lässt uns frösteln

schaut die Sonne

zaghaft durch die Wipfel

bis das große Tor sich öffnet

uns mit Wärme verwöhnt

ein Hauch von Leichtigkeit

verbreitet der Bach der leise

vor sich hin murmelt

es wird besser von Tag zu Tag

Wetterwechsel

lachte die Sonne vom klaren Himmel

schieben sich aus dem Westen

Riesenwatteberge ins Bild es dunkelt

der Wind treibt eine Regenfront heran

gießt es in Strömen feuchte Vorhänge

auf Fensterscheiben Rinnsale schwellen

an zu kleinen Bächen

HUNDE-LOS

Mit den Wölfen hast du geheult
dich in manchen Knochen verbissen
trottest heute abgenagte Wege
leckst die wundgelaufenen Pfoten
fremd fährt das Schweigen
durchs verschorfte Fell
was stört dich noch fernes Gebell
im Revier jagen jetzt
andere hinter den Hasen her
nur in deinem Greisentraum
ist für die Liebe Raum
bald wird man fragen:
„Wo liegt der Hund begraben?"

SIEBENGEBIRGE

Der Wind streicht durch die Gassen
schaut hier und da nach dem Rechten
fegt die Winkel legt sich
mit Papierfetzen an
Staub reibt er mir in die Augen
belichtet die Sonne den Abend
wandert über die sieben Berge
wo einst der Drachen wütete

Im Mischwald flirrte die Sonne

Totholz im Schatten

moderte schlummerte

regte sich neues Leben

überm Waldweg fanden

Zweige zueinander

der Wind frischte der Forst duftete

aus den Büschen streckten

sich weiße Holunderhände

Vögel jubilierten

Unser Garten herausgeputzt hat sich

die Elster mit ihrem schwarzweißen Federkleid

landet pickt hier pickt da schaut nach uns

und fliegt davon Amseln erschrecken verstecken

sich in Hecken im Mittagslicht schwirren Libellen

durch die Kiefern flattern Tauben im Schatten

schleicht eine Katze

Umgeben von Rosenbeeten
sitze ich im stillen Garten
lausche dem Konzert der Vögel
lasse mich von Insekten
und Faltern umschwärmen
summe Sommermelodien

Die Sonne schneidet

die Mittagszeit

sucht Schatten

kürzer deine Wege

die Neugier der Jugend

ist noch da

Schwalben zeigen dir Leichtigkeit

eine Eidechse erschrickt

über deinen Gang

Gewitterwolken steigen auf

Verwirrt scheinen heute

die Wolken es dunkelt

zu viel Wasser getrunken

aufgeladen mit Energie

die prallen Luftschichten

aufeinander Blitze zucken

feurige Finger die alles erhellen

wenn du den Donner hörst

wird es Zeit zu flüchten

der Himmel schwarz

Wassermassen fließen

Stürme toben

Friedlich das Wetter

während die Menschen

sich in der Wolle haben

fährt uns der Wind versöhnlich

durchs Haar Vögel schwirren

Autos lärmen aus der Ferne

lächelt die Sonne vertraut

an diesem Tag wie ihn

jeder gerne mag

Du läufst über Moosteppiche
lauschst dem Rauschen der Blätter
spürst das Raunen der Bäume
bist unterwegs im Hochwald
verlierst dich in der Weite

Sonnenverwöhnt dieser Junitag

wird der Waldpfad Schattenspender

tanzt der Wind in den Wipfeln

mit Kind und Kegel lärmen

sie durch die Stille

bis die Weite sie verschluckt

bald werden die Schatten länger

Zeit zu gehen

Der Himmel gibt sich offen
Sonne lockt den ganzen Tag
bahnt sich Hitze ihren Weg
durch Baum und Strauch
bis tief in der Erde Grund
brennt es brennt lichterloh
Borkenkäfer auf der Flucht
die Brandwehr tut sich schwer

SCHNECKEN

Wenn der Sommer regiert

Regen in den Abend fällt

beginnt die Zeit der Schnecken

sie tragen ihr Haus

schleimen durchs Gelände

paaren sich machen selbst

vor Hausfassaden nicht halt

erst die Wärme des nächsten

Tages zwingt sie in ihre Verstecke

Unterwegs im Forst
wedeln die Bäume sich Frische zu
erobert die Sonne Lichtungen
plätschert der Kupferbach
seinen Weg zum Weiher
Enten lärmen schnäbeln
tauchen ins kühle Nass

Ein schöner Tag die Sonne lächelt
durch kahle Kronen frischer Wind pfeift
Blätter lernen fliegen
rascheln wir durchs trockene Laub
ein Pärchen auf der Bank
ist ins Schnäbeln versunken
spielt der alte Mann beschwingte
Melodien auf seinem Akkordeon

2

Die Stadt liegt still

Jenseits der Stille

ein Bus fährt dir fast vor die Füße

dröhnt in deinen Ohren

Mopeds heulen Autokolonnen

stinken lärmen ein Helikopter rattert

Flugzeuge üben Tiefflug über

den Dächern der Lärm setzt

sich in deinem Inneren fort

wünsch dir Stille im Grünen

belärmen Menschenmassen

deine Wege aus der Ferne

rumort es vom Bendplatz

fliehst du heim schrillt

da schon das Telefon

Stille wo noch ?

Schritte schlurfen Absätze klappern
ein Fahrrad bremst Gesprächsfetzen
wehen vorbei ein Kind schreit
ein LKW braust mir durch die Ohren
Lärm und Stille wechseln
Gerüche aus einer Zahnarztpraxis
Zigarettenqualm Chlor Menschen
drängen vorbei einer redet
vom Wetter der heiße Becher
Kaffee in meiner Hand
wer schaut wen an
wer zeigt vielleicht mit
dem Finger auf mich
verstecke ich mich hinter
geschlossenen Augen
um blind zu vertrauen
laufe durch fremde Räume
spüre das Grinsen des Kioskbetreibers
ein Türöffner summt Flüche hallen
Türen knallen bin fast zu Hause
keiner hat bisher ein Wort
mit mir gewechselt

Die Stadt liegt still

die Sonne schaut

unter der lähmenden

Winterdecke hervor

Strahlen blitzen durch die Straßen

es sind nur noch Minuten

bis die Dämmerung sich

über die Häuser legt

letzte Pfandflaschensammler

graben in Mülltonnen

von den Kastanien schwirrt

ein Krähenschwarm

in den abendgrauen Himmel

Der Hut bietet keine Deckung

wenn der Wind den Körper greift

dunkelt es früh in den Höfen

nebelgrau verschwindet die Weite

der Mond blinzelt freundlich

Lampen pendeln die Vögel

in den Schlaf du ziehst

den Kragen hoch

machst dich davon

Haltestelle

Die Bahn schnurrt übers Viadukt

flattert ein Vogel

die Straße schattet

von Grün zu Grün

der rotbraune Schweif

ein Eichhörnchen quert

der Bus naht bremst

ein Kind schreit

Glück gehabt

ein Sitzplatz war noch frei

DAUERSTUDENT

Das Leben ist lang Zeit genug später was zu tun

lang war der Abend also noch etwas ausruh'n

Griff zum Wecker schon nach 11 Uhr

draußen Gerenne Gehupe sollen sich

andere mal hetzen erstmal ein Kaffee

oh kein Pulver mehr da

Blick in den Kühlschrank gähnende Leere

rennt er durchs Pontviertel Einkauf

trifft Kommilitonen auf ein Bier

schlägt es 12 Uhr von Heiligkreuz

zu spät Vorlesung verpennt

vielleicht am Nachmittag noch zur Uni

das Leben ist lang Aachen ist schön

Zeit am Abend noch in die Kneipe zu geh'n

MARKTTAG

Die Stadt summt und brummt
aus allen Gassen als gäb's was
gratis zu erhaschen
auf Markt und Katschhof
drängeln Leute bieten Händler
lautstark Blumen Käse Gemüse feil
alles frisch vom Feld die Illusion
dass Bauern Eigenes präsentieren
Marktbeschicker kaufen
ihre Ware auf dem Großmarkt ein
Geld gegen gefüllte Beutel
Tüten reißen Äpfel rollen
zum guten Schluss vielleicht
ein Schnäppchen bevor
das Kehrmännchen die Reste tilgt

AACHEN IM HERBST

Bäume tragen letzte Blätter
Altstadthäuser strahlen
Cafés von fröhlichen Menschen
bevölkert die niemals arbeiten
Kellnerinnen drehen Extrarunden
immer neue Baustellen
die Stadt lächelt Kinder spielen
am Puppenbrunnen
vom Münsterplatz singt eine Geige
trotz aller Eile scheint die Zeit
anzuhalten

Der Mann mit den Hunden

seine Habe im Einkaufswagen

zog er mit zotteligem Bart durch die Stadt

„es ist schwer, auf der Straße zu leben"

sagte er. Manchmal saß er auf den

Stufen zum Supermarkt

wir kauften ihm etwas zu essen

oder Hundefutter so vergingen Jahre

und plötzlich war er nicht mehr da

Aus der Tiefe der Nacht

steigt der Silbermond

malt Botschaften

auf das schillernde Pflaster

der schlafenden Stadt

ein Vogel zieht geräuschlos

seine Bahn

Laternen schaukeln

AACHEN: KATSCHHOF

der ganze platz menschenmeer

wogten winkten jubelten skandierten

tobte der schnauzbärtige göbbelte

befreien katschen siegen

trampelten mannen im takt

männerknie zu weiberlust wuselig

fäuste in der tasche

marschierten braunhemden

fanfaren spielten läutete der dom

kopf ab zum gebet

3

Launige Tage

Frühling ein starkes Signal

die Sonne erobert die

schläfrige Stadt die

Natur explodiert in

quittengelb weiß

bis rosarot Bäume und Sträucher

zeigen sich im frischen Kleid

durch Straßen laufen

viele fröhliche Gesichter

Stadtmusikanten haben

sich angesagt

Frühling ein blaues Band

das sich himmelweit spannt

Räder drehen sich im Wind

Wolkenwender Sonnensucher

Hummeln bummeln

Zitronenfalter kreuzen

unseren Weg Löwenzahn

Gänseblümchen schmücken

die Wiesen ein Eichhörnchen

huscht ins Gehölz

Sommerhimmel azurblau
zwei kleine Wolken treiben
auf der Wiese blüht der Klee
am Schattenrand wuchert Moos
aus Büschen und Hecken
ertönt ein Schnabelkonzert
vom Wegesrain grüßen
Mohn und Margeriten

SEPTEMBER

Ein langer Sommer
nimmt Abschied
Blätter blicken bunt
macht sich die Sonne rar
der Himmel zieht sich zu
rau weht der Wind
Tage werden regenreich
Vögel zum Abflug bereit
der Herbst zieht ins Land

Der Mischwald im herbstlichen Schein

auf den Lichtungen hat sich

die Sonne niedergelassen

Bäume ernten Stachelfrüchte

Müßiggänger auf den Bänken

genießen die Stille

durch die Büsche fällt

unser Blick auf den glitzernden Weiher

es regnet goldene Blätter

wir laufen über Moosteppiche

Birken Buchen alte Eichen
strecken ihre Kronen ins Blau
der Wind fächert die Blätter
hörst du das Wispern der Gräser
Disteln und Farne
die Stimmen der Vögel
hoch oben im Laub

Der Tag trägt meine Gedanken

über Sonnenwege

Maisstauden rascheln

Mückentanz im milden Licht

Netzwerker weben Silberfäden

Falter taumeln über Wiesen

das erhabene Gold des Sommers

regnet vom Himmel

Der Wind braust durch die Landschaft

auf den Feldern ernten sie Rüben

Vögel kreisen ein Fuchs streunt

durch sein Revier

die Sonne abgestellt

zählt die Stunden bis

die Eulen regieren

Windgeschwind nahen

des Herbstes launige Tage

ziehen dunkle Wolken auf

regenreich der Himmel

zählen wir die restlichen Äpfel

an fast entlaubten Bäumen

drehen unsere Runden

über feuchte Wege

suchen einen Platz

auf einer sonnigen Bank

Was fühlt der Tag

wenn der Morgen grau in grau

die Sonne verloren

Kälte durch kahle Bäume streift

Hecken wässrig blicken

Vögel verstimmt auf Dächern hocken

die Luft frostig schneit

Der Wald atmet

trotzt den Winterstürmen

den Regen saugt er auf

streut seine Früchte

verteilt die Blätter

den Vögeln nimmt er

ihr schützendes Dach

schaut nach den kargen

Sonnenstrahlen

Bleigrau hängt der Himmel

Wolken treiben ohne Unterlass

Windbruch Sturmgebraus

Regenschauer auf Dauer

friert es ins Gefieder

„was für ein Sauwetter"

ruft ein Vogel dem anderen zu

Der Mond versteckt sich
im Nebelgrau Sterne verschwinden
in den Nischen Reste von Schnee
du schaust auf spiegelnde Straßen
Laternen verschenken spärliches
Licht jemand huscht über die Felder
du hörst Hundegebell der Wind
fährt uns durchs Gesicht
siehst mich in die Knie gehen
mein Hut macht sich davon

Der Himmel schneit die Landschaft zu
Bäume Sträucher Hecken
ächzen unter weißer Last
Vögel ziehen übers schweigende Land
versteckt sich sich die Sonne
im Wolkenmeer

RAUNÄCHTE

Es ist die Zeit der inneren Stille
und wilden Jagd der Götter
sagenumwoben trieben Geister
ihr Spiel Unternächte ließen
Traumhaftes erscheinen
der Minister tauchte mit warnendem
Finger auf Corona sei nicht vorbei
himmlische Feuer lodern
Klimaschützerin Greta schwebt
ein Engel am Nachthimmel
in der Ferne reitet der russische Despot
in wilder Jagd an der Spitze
einer Kosakenhorde gen Westen
mit dem Silvesterfeuerwerk
versuchst du böse Geister
zu vertreiben die versuchen
sich nachts in deinen Schlaf
zu schleichen

4

Sie reden vom Krieg

Sie reden vom Krieg

und schweren Waffen

Panzerhaubitzen sollen

den Despoten das

Fürchten lehren

im Radio besingen sie

die wunderschöne Welt

der Ginster goldet an den Hängen

wieder eine Stadt gefallen

Lindenblüten verbreiten

betäubenden Duft

der Geschützlärm kommt näher

SOUND DES TODES

Krieg verändert, stumpft ab,
vergessen kann man nicht die Gräuel
Folterkammern Massengräber
Verletzte Tote Ruinen
Krieg schärft die Sinne, man kann
ihn sehen hören riechen, saurer Geruch
von Menschen auf der Flucht
in übervollen Zügen, die kein
warmes Wasser mehr haben
Angst vor neuen Einschlägen, es
wummert in der Ferne nächster Luftalarm
Drohnen greifen an, die Motoren
dröhnen wie Mopeds
„Wenn du eine Rakete hörst,
ist es vermutlich nicht so schlimm.
Die dich erwischt, wirst du nicht hören."

FEUER

Es brennt der Planet

Wälder in Gefahr

der Krieg zurück

Sonne segelt ins Schwarze

es dunkelt grelle Blitze zucken

auf den Bildschirmen

wieder neue Unheilsbotschaften

es wird dir schwindelig

DER KRIEG IST ZURÜCK

Europas Ränder in Brand geschossen
das Muskelspiel der Mächtigen dauert
Wohnviertel in Flammen
Menschen flüchten Menschen sterben
der Feind lauert Geschosse tragen
keinen Namen

Noch immer Krieg überall Leid und Tod
der Kriegsherr beschwört sein Volk
nur die Vernichtung des Gegners
bringe Frieden fordert schwere Waffen
für den Kampf Drohnen morden
Frühjahrsoffensive wer treibt das Volk
und den Westen in einen großen Krieg
der Atem des Todes liegt über Europa

ES SCHREIT ZUM HIMMEL

Russlands Armee bekriegt
seine Nachbarn in Grund
und Boden Tränen fließen
nebenan sammeln sie
die Toten ein
gefallener Städte
die Überlebenden kämpfen
neue Saktionen Gas
fließt nicht mehr
Verhandlungen
der Weizen das Gas
das Ende des Krieges

in der natur nicht zum joggen keine
verstöpselten ohren denken hören
vögel bei der korrespondenz ein trillern
abgeerntet das feld über der weite des himmels
der schatten der bäume um fünf uhr nachmittags
kommt alles zum erliegen der bauer beugt sich
der boden niedergestreckt ausgeweidet
stöhnt das land bodenschätze seltene erden
gärten zusammengestrichen landgewinn
baubeginn öl tropft auf schotter
schau nach oben was kommt noch

WIEN – HELDENPLATZ

Es menschelt massenhaft Kopf an Kopf

wohl tausendfach Hälse recken

Gebrüll der Stirnscheitel

redet sich in Rage auf der Jagd

Wolfszeit siegen vernichten

Pöbel skandiert geifert jubelt

Jandls Knie touchiert

Arme hoch Sieg heil

marschieren Unformierte ein

frei nach Ernst Jandl

5

Wellenspiel

WIEDER DA

Das Meer rauscht wie immer
Wellen schlagen der Strand streckt sich
Wind streicht durchs Dünengras
gräbt den Sand am Wasser sitzen sie
mit Kind und Kegel
lärmen gegen die Geräusche
der Natur an Möwen kreisen
der Deich scheint steiler
mein Blick geht in die Ferne
in der Ferne die Insel
irgendetwas ist anders
vielleicht bin ich es?

Der Himmel bläst die Sonne frei

Wind tanzt durch die Dünen

Möwen äugen picken trippeln

erteilen den Dohlen Platzverweis

am Spülrand der See

Wellenschäume Muschelträume

Der Wind wirbelt Möwen schreien

das Meer rollt grollt schiebt sich zum Ufer

wirft Sand in die Bucht deine Augen

suchen Schutz hinter Brillengläsern

du lauschst den Geräuschen der Natur

bis Motorknattern dich aufschreckt

Landschaft in Weite Wellen kräuseln
der Mond bewegt belichtet die Küste
du schaust in die Dunkelheit
lauschst dem Flug der Fledertiere
von irgendwo leise Musik
tanzende Körper im Dreivierteltakt
erwartest beschwingt den Morgen
die Sonne die den Tag begrüßt

Im freien Fall die Sprache der Möwen
Klarheit des Windes kämmt Strandhafer
Dünentäler Buschrosen duften
im Ahornwald ruft der Kuckuck
der Leuchtturm Gezeitenauge
erhobener Finger in Rotweiß
rostbraun dümpelt ein Kahn
in versandeter Bucht

Nah dem Strand am Dünenrand
sandbestäubt die blaue Bank
frei der Blick aufs schimmernde
ewig wogende Meer
Gräser geben sich sturmerfahren
gelbe Sterne sprießen am Wege
beobachtet uns eine Möwe

Regenleise verschwindet
der Leuchtturm – die Windsbraut
fällt über die Deichkronen her
in der Kneipe spießt der Wirt
die Zeche auf den Nagel
ein Korn aufs Haus
dieser Tag gehört den Möwen
hört ihr Geschrei – die Zeiger
kreisen in Nebelwehen

Die Sonne meint es gut

mit diesem Tag sanft streicht

sie über die noch kahlen Wipfel

schaut über den Rhein

auf die sieben Berge

wo einst der Drachen wütete

Die Abendsonne schaut

aufs friedliche Meer

es schimmert silbert

rauscht zischt rollt

bis zum Horizont

Wind frischt auf

naht die Flut versanden

unsere Füße im Wellenspiel

Nachts wenn der Wind die Bäume rührt
spreche ich Worte von Tagen am Meer
spüre die Wildheit des Sturmes der
die Dünen beben lässt höre das Gezeter
der Vögel unter den zornigen Wolken
greife in den goldenen Sand
lasse ihn durch die Finger rieseln

6

Zeit der Stille

STILLE

Zeit der Stille
Lärm kommt von Alarm „al arme"
„zu den Waffen." Lärm war eine Waffe
böse Geister zu vertreiben
manche können Stille nicht ertragen
haben Angst zu erkennen
dass sie an sich vorbeileben
Stille reinigt Eintreibungen
die das Denken verunreinigen
innere Vorurteile können
durch äußerste Stille
zum Schweigen gebracht werden
schreibt Pater Anselm Grün
wenn sie aufsteigen, sie anschauen
und loslassen, einen Ort der Stille
schaffen, wo Probleme
keinen Zutritt haben

Im Schläfern glimmt ein Schein
bleicht gelb über Dächer
steigt in meine Kammer
es feuchtet fröstelt voller Phantasie
letzte Hüllen lupfen fallen lüstern
stürmisch wild kreisen wälzen jubeln
holst alle Sterne vom Firmament
fallen ermattet in vertraute Stille
blinzelt das Nachtgesicht
schließt lächelnd unsere Lider

Des Mondes intime Blicke

in eine kleine Kammer

entdeckt ein Paar ganz ohne Hüllen

lüstern wirbelnd stöhnend

schaut einmal zweimal

empört sich grollt über die Dächer

weckt die Gefährten der Lüfte

windgeschwind mit Raubtierkrallen

entführen sie des Mondes stille Liebe

über Wolkenberge traumschwer

wälzt sich der Einsame in

seinen feuchten Laken

frei nach „Mondblick"
von August Stramm

Einsam sein versuch's doch mal
mit Nähe Plakate duzen dich
in den Medien gilt das vertrauliche Du
einen guten Tag wünscht man dir
beim Einkauf eine Pflichtübung
fördert die Trinkgeldbereitschaft
so viel Nähe ohne Liebe
nein danke sitzt du abends
allein in deinem Kämmerlein

Was ist schon mein

nicht der Sonnenschein

der gehört mir nicht allein

ein wenig davon kann

ich mir aber leih'n

wem gehört schon der Wind

der entkommt geschwind

vielleicht gehört mir die Nacht

wenn ich einschlafe sacht

Mitten im Schlaf

erscheinen Gesichter

vertraute Personen

erzählen mir Geschichten

aus vergangenen Zeiten

die ich nicht erinnere

mit den ersten Sonnenstrahlen

verlassen sie lachend mein

nächtliches Lager

Manchmal fällt mein Leben

in eine große Leere

sehe ich mich am Rande des Abgrundes

schaue hinab bevor ich verzweifele

greift mich ein Albatros

trägt mich hinauf in eine neue Welt

jenseits von Angst und Pein

sehe ich mich mit feuriger Rute

die Schatten der Nacht austreiben

frage den Wind was er noch mit

mir vorhat

Die Leichtigkeit des Seins

das war mal meins

sich mit den Füßen abstoßen

sanft emporschweben

die Welt aus luftiger Höhe erleben

Sonnenwärme auf der Haut spüren

Schleierwolken berühren

die Leichtigkeit des Seins

das wird wieder meins

Die Zeit wird zum Raum

du starrst durchs Gitterfenster

führst Kopfgespräche

schreist nach Freiheit

verdämmerst den Tag

siehst dich im Traum

in einem Zug auf freier Strecke

für unbestimmte Zeit abgestellt

Ein Traum

vorm Morgengrauen

stehst du am Abgrund

Herzstolpern hinter dir

lauert das Unbehagen

Krähen krächzen

Worte falsche Wahrheiten

droht Unbehagen

Schatten der Angst

der Wolf starrt dich an

schaust du zum Himmel

Flucht oder Tod

ergibst dich sprachlos

Über den Wolken
höher und höher
dem Himmel so nahe
die Füße der Engel
schon zu sehen
erschallt eine
mächtige Stimme
wegen Corona
Zutritt verboten

7

Was bleibt

Frag mich wo die Liebe ist

wo ist sie geblieben

wohl tausendfach besungen

wie schön hat das geklungen

von Dichtern beschrieben

durch Geschützdonner vertrieben

ist sie wo geblieben

frag doch mal den Wind

ob er sie irgendwo find'

wollen wir hoffen

die Liebe wird siegen

während sich alle

heftig bekriegen

Spiel dein Spiel so lange man dich lässt
rollt die Kugel kreist in deinem Kopf
schwindelig wird der Kopf zum Ball
mit dem du keine Tore schießen kannst
wieder mal daneben lächelt die Lottofee
die großen Summen stauben andere ab

An meine Schwester

ein Wiedersehen

zog es mich hinaus ins freie Land

übernachte im Dorf genieße die Alpluft

die Straße hinunter lauf' ich

das altvertraute Haus es

begrüßen mich herzlich

Mutter Freunde Männer

strahlte in mir die Sonne der Heimath

hinunter zum Wasser eine Kahnfahrt

auf dem Neckar fiel ich am Abend

in einen traumreichen Schlummer

frei nach J. C. Friedrich Hölderlin

Meine Schwester

lang nicht gesehen

reiste ich aus dem Westen

hinauf in den Norden

übernachte nahe der Autobahn

laufe die Straße entlang

durch die Siedlung

das Haus mir vertraut

begrüßen wir Freunde Verwandte

sie hat schon das Essen im Ofen

das war ein Festtagsschmaus

dann die Kahnfahrt auf der Ochtum

genießen wir die Frische des Nordens

die Seeluft Glücksgefühl der Heimat

falle am Abend in einen

zufriedenen Schlummer

Können Worte die ich schreibe

neue Wege weisen

Tag und Nacht erfinde ich Neues

male die Fluten des Himmels

die mich vernichten können

zeichne Türme und Brücken

lasse die Sonne mit blitzendem Besen

die Schatten der Nacht aus den Nischen fegen

schüttele den Kopf wenn der Wind

in einem Winkel alte Zeitungen liest hastig

mit wachsender Neugier umblättert

frei nach Adelheid Duvanel

Wortkommission

titel ermittelt krittelt

mit professorenhand

erforscht die gedanken

der schreibtischtäter

bevormundet lobt

schleudert götterworte

gibt keine ruhe

bis der letzte poet

nackt vor ihm steht

LYRIKER

Er sitzt in seinem Kämmerlein, fällt ihm auch nichts ein
das richtige wichtige Thema, es beginnt die Jagd nach
den passenden Worten, ringt er ums Verb, Ausdruck,
Begriffe für das Gute und Schöne
Worte auf der Flucht vor dem Schreiberlein
verstecken sich wie ein lustiges Kind
geduldig wartet das weiße Papier
er schaut aus dem Fenster, da schwebt nichts herein
läuft durch die Natur, wo bleiben die Worte nur
plötzlich rutscht eins ihm über den Rücken. Er braucht
sich nur noch zu bücken
dann sitzen sie in der Barockfabrik
jeder nur seine Texte im Blick
sie reden, loben (selten), lästern, verbessern, verwässern
zum guten Schluss fragt sich der Poet,
was denn noch geht

ICH BRAUCHE NIEMANDEN

Das Leben ein schöner Traum

Adern liegen blank

einsam meine Tage

kein Grund unwirsch zu sein

und nun das, der Schlüssel

weg – nicht da, wo er immer war

das Gestern versinkt

die Wohnung wird zum

unbekannten Ort

Angst macht sich breit

wer sind die fremden Leute

die mich vertraulich umarmen?

Ich brauche niemanden

WAS BLEIBT?

holt dich der sensenmann
fragt was dann
bist du noch da obwohl du
gegangen bist was bleibt
von dir nicht gut und geld was
machte dich aus in unserer welt
der leib nur eine leere hülle
wenn das herz nicht mehr schlägt
nur noch haut und knochen
bleiben erinnerungen
spricht deine seele mit uns
anderswo werden die toten
in begegnungen & feste einbezogen
auf ihren gräbern
wird getanzt

Anmerkungen

„aachen: katschhof" [S. 39]
fiktive Handlung nach Jandls Gedicht „wien: helden-
platz"

„Raunächte" [S. 57]
Raunächte, auch Unternächte genannt:
die Nächte zwischen 25. Dezember und 6. Januar,
geheimnisvolle Zeit der Geister und Dämonen, vor
denen man sich fürchtete – keltischen oder germani-
schen Ursprungs

„Wien – Heldenplatz" [S. 68]
Ernst Jandl (1.8.1925 – 9.6.2000), österreichischer
Dichter, schrieb das Gedicht „wien: heldenplatz" aus
seiner Erinnerung an eine Kundgebung mit Adolf
Hitler 1938 in Wien

„Des Mondes intime Blicke" [S. 89]
nach August Stramm,
deutscher Dichter (29.7.1874 – 1.9.1915),
lebte zeitweilig in Aachen

„An meine Schwester" [S. 103]
nach Johann Christian Friedrich Hölderlin
(20.3.1770 – 7.6.1843)

Verzeichnis aller Gedichte

1 | Wenn der Morgen seine Flügel ausbreitet

2 | Die Stadt liegt still

3 | Launige Tage

4 | Sie reden vom Krieg

5 | Wellenspiel

6 | Zeit der Stille

7 | Was bleibt

Peter J. Heuser
»Land – Stadt – Leute«
Gedichte für heute
Verlag BoD, Norderstedt 2020, 140 S., TB
ISBN 978-3-750433-34-2

Peter J. Heuser

»Wellenschlag – Flügelrauschen«

Meerische Gedichte

Verlag BoD, Norderstedt 2017, 100 S., TB

ISBN 978-3-7448-1696-0

Peter J. Heuser

»Zeit für ... Gedichte«

CreateSpace 2015, 158 S., TB

Printed in Germany

ISBN 978-1-5172-4797-3

Erhältlich bei www.amazon.de

Peter J. Heuser

ZEIT WEISE SICHT
WEISE SICHT ZEIT
SICHT ZEIT WEISE

GEDICHTE
Verlag Mainz

Peter J. Heuser

»ZEITWEISE SICHT, WEISE SICHT ZEIT,

SICHT ZEIT WEISE«

Gedichte

Verlag Mainz, Aachen 2013, 98 S., TB

ISBN 978-3-8107-0166-4

Peter J. Heuser

»BLICKSINNIG – sta(d)tt liebe me(e)hr«

Gedichte

Verlag Mainz, Aachen 2011, 94 S., TB

ISBN 978-3-8107-0112-1